울며 울며 피워 낸
　꽃도 꽃인 것을

구자천 선생의 첫 시집

울며 울며 피워 낸 꽃도 꽃인 것을

초판인쇄 2025년 4월 10일
초판발행 2025년 4월 22일

지은이_ 구자천
발행인_ 이현자
발행처_ 도서출판 현자

등　록_ 제 2-1884호 (1994.12.26)
주　소_ 서울시 중구 수표로 50-1(을지로3가, 4층)
전　화_ (02) 2278-4239
팩　스_ (02) 2278-4286
E-mail_ 001hyunja@hanmail.net

값 12,000원

2025 ⓒ 구자천 Printed in KOREA

무단으로 내용의 일부를 인용하거나 복사, 발췌를 금합니다.

ISBN 978-89-94820-06-4　　03810

울며 울며 피워 낸 꽃도 꽃인 것을

구자천 선생의 첫 시집

도서출판 연자

시인의 말

분노에 태양을 끌어안고
이글이글 타오르고 싶은 때가 있었다.
억울함에 강물에 목을 담그고
꺼억꺼억 숨을 끊고 싶은 적도 있었다.

그 어두웠던 시절,
모든 곳에서 버려지고,
골방에 처박혀 통기타를 끌어안고 소설을 읽던 소년.
다행히
소설 속에서 따스함과 올바름을 찾고, 기타 선율에 마음을
가라앉히면서 조금씩 어른이 되고 있었다.

지금은
강변에서 아름다운 노을을 보며 은빛 미소를 보내본다.
잘 견디었다고, 대견하다고…
이제는 무심으로 돌아가 꽃과 나무, 시와 음악과
남은 생을 즐기다 자연으로 돌아갈 준비를 해야겠다.

지금 내 곁에 남아있는 모든 분들에게
감사하다고, 사랑한다고 꼬옥 안아 주고 싶다. ♥

2025년 4월, **구자천**

서문

만추에 피워 낸 꽃 한 송이

　노을 비끼는 강변에서 은빛 미소를 보내며 시집 한 권을 펼쳐 보이는 구자천 시인, 그는 지금 아득한 강의 상류를 더듬고 있을 것이다. 구 시인과 나는 대학에서 동문수학했다. 나는 그때 그의 문재文才가 참 부러웠다. 어리숙하고 둔한 나는 그의 예민한 감각과 명석한 판단력과 번뜩이는 재치에 늘 감탄하곤 했다. 묘한 그의 매력에 끌려 가까이 지내며 따라 배우려 애썼고 지금도 그러한 생각엔 변함이 없다. 대학을 졸업하고 지방 도시로 내려가 교편을 잡은 그는 그곳 생활에 전념하며 웬일인지 문단 등단에는 뜻이 없어 보였고, 몇 년 후 서울로 올라와서도 학생들 가르치는 일에만 전념하며 충실한 생활인으로 살았다. 그러던 그가 정년이 지나고 현장에서 물러나고도 여러 해가 지난 몇 달 전

갑자기 등단을 하겠다고 나섰다. 그동안 드러내지는 않았지만 늘 가슴 속에 시의 씨앗을 묻어두고 있었던 모양이다. 그 씨앗이 이제사 지표를 뚫고 올라왔구나 생각했다. 그리고는 등단한 지 석 달 만에 한 권의 시집 원고 뭉치를 들고 왔다. 시집을 내겠단다. 남들은 전집이나 선집을 내겠다고 나설 나이에 첫 시집을 내려는 것이다.

　시집 제목이 『울며 울며 피워 낸 꽃도 꽃인 것을』이다. 그가 살아온 신산한 삶의 이야기이리라. 본인은 '울며 울며 피워 낸 꽃도 꽃인 것을…' 이라고 말끝을 흐리지만, 나는 '울며 울며 피워 낸 꽃이야말로 진짜 꽃'이라고 감히 말하고자 한다. 좀 늦긴 했지만 그래도 포기하지 않고 기어이 피워 냈음에 감탄을 금치 못하는 것이다.

　그의 시는 혀끝으로 쓴 시가 아니다. 맨몸으로, 맨발로, 맨가슴으로 쓴 시다. 어두운 청소년 시절을 길 잃지 않고 용케도 잘 뚫고 나왔고, 흔들리는 발판을 딛고, 허술한 울타리를 튼튼히 세운 날들이 시에 고스란히 담겨 있다. 소리 높이지 않고 차분히 풀어나가지만 진솔한 이야기가 잘 형상화되어 있다. 맨몸으로 만추에 피워 낸 시라서 더욱 향기가 짙다.

 늦게 내는 첫 시집, 어쩌면 잘된 일인지도 모른다. 젊어서 이른 나이에 시를 쓰고 시집을 냈다면, 재주가 승한 혀끝의 시가 되었을지도 모른다. 감정이 펄펄 살아서 떫거나 신맛이 났을 수도 있다. 지금은 고비 고비를 넘어와 시간의 뒤안길에서 한걸음 물러서서 겪어온 삶의 경험들을 푹 익히고 발효시켜 진국이 우러난 시가 되었다. 만추에 피워 낸 꽃의 진한 향기를 독자들은 맡을 수 있을 것이다.

 그의 만년이 시와 같이 그윽하고 더욱 아름답기를 기원한다.

임문혁
(시인, 문학교육학박사, 한국현대시인협회 부이사장)

차
례

5 • 시인의 말
7 • 서문 / 만추에 피워 낸 꽃 한 송이_ 임문혁

Ⅰ부/ 사랑, 그 아련함에

18 • 낮달
19 • 영산홍
20 • 어느 봄밤
21 • 백송(白松)이 되어
22 • 개나리
23 • 첫눈, 첫사랑
24 • 마음에 산(山)이 하나 있다면
26 • 망상(妄想)
27 • 미색 부츠
28 • 느려터진 프로포즈
30 • 산바람
31 • 아픔
32 • 너
33 • 나의 사랑, 나의 노래

차례

II부/ 조금씩 문득, 깨달아 가며

36 • 하수의 연가
38 • 실낙원(失樂園)
40 • 해바라기
41 • 울며 울며 피워 낸 꽃도 꽃인 것을
42 • 강변 산책 Ⅰ
44 • 강변 산책 Ⅱ
46 • 강변 산책 Ⅲ
47 • 강변 산책 Ⅳ
48 • 강변 산책 Ⅴ
50 • 강변 산책 Ⅵ
51 • 지천명(知天命)
52 • 가뭄비
54 • 초겨울 풍경
55 • 길가, 아카시아

III부/ 가벼운 단상斷想

58 • 통기타

59 • 충청도 아줌마

60 • 금계국

61 • 수석(水石)

62 • 바둑을 두다

63 • 어쩐다냐?

64 • 한복

66 • 감악산에서

68 • 부도(不渡)

69 • 갈대

70 • 어느 노년의 하루

71 • 가을 4중주

72 • 장마

차례

IV부/ 아프게 부딪치며

76 • 어떤 남자

77 • 검붉은 피가

78 • 잊힌 향가(鄕歌) I·II

80 • 잊힌 향가(鄕歌) III·VI

82 • 선인장

83 • 바벨탑

84 • 20C 패설(稗說)

86 • 요즘은

87 • 맞짱 뜨기

88 • 술래잡기

89 • 상처 핥기

90 • 학교 日誌 I

91 • 학교 日誌 II

92 • 학교 日誌 III

94 • 학교 日誌 IV

96 • 학교 日誌 V

97 • 학교 日誌 VI

98 • 학교 日誌 VII

V부 / 흐르는 세월에

102 • 낙엽의 비상(飛翔)

103 • 버려진 TV

104 • 노승

105 • 덕소리

106 • 은빛 미소

108 • 이순(耳順)의 문턱

109 • 법정 스님

110 • 찌개를 먹으며

112 • 자연

114 • 새엄마

115 • 아버지

116 • 패랭이꽃. 당신은

118 • 송인(送人)

1부
사랑, 그 아련함에

낮달
영산홍
어느 봄밤
백송(白松)이 되어
개나리
첫눈, 첫사랑
마음에 산(山)이 하나 있다면
망상(妄想)
미색 부츠
느려터진 프로포즈
산바람
아픔
너
나의 사랑, 나의 노래

낮달

쉬 마음 주지 않으리라
하면서도 또 한 줌 주어버리고
덧난 상처 틈 사이로
신통하게 해가 뜨고 바람이 인다.

강 건너 저편
눈 녹지 않은 산마루 위엔
잠들지 못하는 낮달 하나 걸려….

영산홍

짙은 피먹음일랑
감추어도 은은히
붉은 꽃잎이여.

기인 겨울의 터널을 뚫고
신록이 보드라운 봄을 만나도
남은 상흔傷痕 사라지잖고,

겹겹이 싸인 아픔에
이파리마저 붉게 물든
설움에 겨운 자태가 시려,

울컥,
진한 피 한 모금
순결하게 뱉고 싶어라.

어느 봄밤

1

매화랑
벚꽃이랑
살구꽃이랑
도무지 헷갈려
까만 3경 은하에 걸리는…

2

싸리꽃, 봄바람에
하이얀 속살 드러내면
복사꽃 바알갛게
물들어 나뭇가지 젖어 드는…

백송白松이 되어

그리움의
한 자락을 보냈다가
답이 없으면 어쩌나 망설이다,

그 망설임을 먹고
키가 부쩍 큰 그리움의
한 자락이 이젠 버거울까 두려워,

마을 냇가 바위 뒤에 붙어
교정의 키 큰 나무 뒤에 숨어
보낸 세월의 눈길은 아직도 수줍어.

다시 태어나
비바람에 알맞게 구부러진
백송白松이 되기를 천년을 기다릴래.

그대가
한 마리 순결한 선학仙鶴으로
솔향기 가득한 보금자리 치길 또 다른 천년을 기다릴래.

개나리

너무 아파
다신 피우지 않으리라
겨우내 다짐했는데

봄 소리에
잎도 피기 전에
미친 듯
솟아나는

노오란 그리움.

첫눈, 첫사랑

눈길 한 번 제대로
주지 못했던 그녀에게
전봇대 뒤에 숨어
생의 가장 슬픈 눈길로
눈물 두어 방울 섞어 보내며
봄꽃잎 지듯 사랑이 지고 있었다.

첫눈 내리는 날
떨어지지 않는 두 발이
소공동 눈길을 부여잡고
또 전봇대 뒤에 숨어
포장마차에서 들이킨 쐬주만큼
지독한 외로움을 토해내고 있었다.

마음에 산山이 하나 있다면

깊은 산이 아니면 어떠하랴,
고향집 보듬은 자그만 뒷산이면
또 어떠하랴.

사랑에 다쳐
창가 장대비가 너무 아플 때,
온갖 가식에
진실이 취한 듯 비틀거릴 때,

내달려 가 부둥켜안고
쓰러질 나무 한 그루 있으면 족하리.

네가 울부짖는데
나는 아무 것도 할 수 없을 때,
네가 무너지는데
나는 같이 무너지지 않을 때,

너와 나, 어깨동무하고
바라볼 달 한 조각 있으면 족하리.

높은 산이 아니면 어떠하랴,
개울물 낮게 품어 안은 야산이면
또 어떠하랴.

망상妄想

영혼이
낙지처럼
끈적거리는 날에는

처절하게 외로워
가슴 따스한
퇴기退妓 하나 만나
내 남은 생生 쏟아버리고 싶다.

… 쓸쓸히 꽃잎 지는 밤.

미색 부츠

갈대처럼 하이얀 손으로
선생 월급만한 강아지풀을
괜스레 쥐어뜯다가
풀죽은 해바라기가 되어
은행 지폐만큼 쌓인 은행잎을
밟으며
〈…난생 처음 고아가 부러웠어요.
흐느끼며 돌아서던 미색 부츠.

그때,
강 하류에는 잉어 한 쌍이 승천하려다
떨군 비늘만이 무수히 반짝이고 있었어.

느려터진 프러포즈

외롭고
긴 방황의 터널을 헤매다
당신의 미소 속에서 빛을 보았고,
한 점 부끄러움 없이
그대를 사랑하리라 다짐했소.

칠석날만 만나는 사랑이나,
살아 옷 한 벌 못해주는 사랑 따위는
차디차게 거절하겠소.

그대가 한 그루 꽃나무라면
내 한줄기 비가 되어 당신을 적셔주고,

그대 한 마리 순결한 선학이라면
내 비바람에 알맞게 구부러진
백송이 되어 솔향기 가득한 보금자릴 치겠소.

그리하다 언젠가
그대가 내 그리움의 한 자락을 붙잡는 날

세상에서 가장 맑고 포근한 마음 하나를
선물하리라.

가을 하늘보다 더 푸르른 그대를 위해….
라일락 향기보다 더 향긋한 당신을 위해….

산바람

어둠이 새까맣게 산을 덮치면
산바람 문득, 갈 길을 잃어

나무와 나무 사이 서성이다
기어이 찾아낸 마알간 샘물에
솔향기 담뿍 담아 알몸을 적시면

수줍어 구름 뒤로
숨어 버리는 첫사랑 초승달.

아픔

때론 늦은 귀갓길에
바람인가 하고
돌아보면, 어깨 타고
올라오는 그대의 숨결.

때론 느긋한 아침 상에
산나물 향인가 하고
맡아보면, 코 끝에
묻어오는 그대의 내음.

언젠가는 지워지리라!
믿고 살았던 시린 시간들
차갑게 비웃으며, 가슴 깊이
뿌리내린 그대의 영혼.

때론 잠 못 드는 밤에
아픔인가 하고
만져보면, 명치끝에
아려오는 그대의 손길.

너

바람이 불지 않으면
갈대는
자기 존재를 몰라
얼마나 울어야 하는지

시간이 가지 않으면
철새들은
갈 때를 몰라
얼마나 헤매여야 하는지

살다 보면
알아야 하는 것을
너무 늦게 알 때가 있는가?

너가 어디 없으면
힘겨운 나는
가야 할 곳을 몰라
얼마나 망가져야 하는지….

나의 사랑, 나의 노래
- 어느 무명 가수에게 드리는

바람이 부는 한 내게 마침표는 없어
한 걸음 한 걸음 도도히 나아갈 뿐이야
태양이 뜨는 한 내게 엔딩은 없어
앞으로 앞으로 차분히 내디딜 뿐이야

여름비가 두려움으로 날 흔들던 날도
가을비가 외로움으로 날 적시던 날도
비틀대지 않고 사랑했어 널, 너만을…
잊을 수 없는, 잊어서는 안되는 너를

어제는 너를 만나던 추억의 날을 불러 와
우리의 사랑을 상처처럼 들여다보았어
그 곳엔 아직도 하늘이 푸르다고 새가 울고
바다는 깊은 사랑을 앓고 있다고 파도가 밀려왔어

태양이 뜨는 한 난 사랑을 할거야
바람이 부는 한 난 노래를 할거야
바람이 부는 한…

〈 … 난, 나는 나의 사랑을 노래할거야!

조금씩 문득,
깨달아 가며

하수의 연가
실낙원(失樂園)
해바라기
울며 울며 피워 낸 꽃도 꽃인 것을
강변 산책 Ⅰ
강변 산책 Ⅱ
강변 산책 Ⅲ
강변 산책 Ⅳ
강변 산책 Ⅴ
강변 산책 Ⅵ
지천명(知天命)
가뭄비
초겨울 풍경
길가, 아카시아

하수의 연가

오랜만에
목욕탕 바닥에 퍼질러 앉아
아무리 밀어도
도무지 때가 지워지지 않는다.

내가 밀어도,
프로인 때밀이가 밀어도
밀고 밀어
피가 맺히도록,
한이 맺히도록 밀어도…

시를 버리고도 잘만 살던
못생긴 과거가 지워지지 않듯
부끄러운 세월이 지워지지 않듯

이젠 때가 살이 되어
나와 하나가 되어…
그대로 부둥켜안고 살라고
온탕도, 냉탕도
샤워기도 도리질을 하는데…

버림받은 시들이
무리 지어, 떼 지어
흐르면서
등 돌리고 흐르면서

때 묻은 시도 있느냐고,
때 묻은 몸으로 시를 쓰는
미친 시인도 있느냐고
여울로 흐른다.
차라리 나지막이 하수로 흐른다

*24년 '착각의 시학' 겨울호 신인 문학상 당선작.

실락원失樂園

논두렁에서 미꾸릴 잡다
흘깃 보고 눈감아 버린 물뱀은 어디 갔는가.

여름날
깡통 안에 두 다리 뻗고 있던 개구리와
강아지풀에 줄줄이 매달리던 메뚜기떼는
또 어데 갔는가.

내 키를 넘어 줄달음치던 개울물과
모랫바닥에 엎드렸던 모래무지랑,
나를 풀밭으로 유인하던 풀무치랑, 때까치랑,
방아 찧던 방아깨비는 다시 또 어딜 갔는가.

미루나무도
여름 하늘도
개울물과 함께 모른다지만,
몰라도 괜찮다지만

개울을 따라,
때까칠 따라 흘러가 버린

서글픈 마음일랑
또 어느 낯선 도시에서
설움을 만나
가로등으로 호올로 흔들리고 섰는가.

해바라기

어릴 적에
걷다, 혹은 뛰다 넘어지면
가장 빠른 몸짓으로
옆도 보지 않고 일어나서
옷에 묻은 흙부터 툭툭 털어야만 했어

그 시절에,
넘어지면 일어나지 않고
엄마나 아빠를 쳐다보며 징징거리는
아이들을 물끄러미 한참을 바라보았어

남몰래 삼킨 눈물로
한 살을 먹고,
흐르다 지쳐 무릎에 엉긴 피로
또 한 살을 먹고 나서야

찬바람
가을비 속에서도
홀로 고개 쳐든 해바라기는
눈물로 빚어, 남몰래
숨겨 놓은 태양이 있다는 것을
비로소 알았어

울며 울며 피워 낸 꽃도 꽃인 것을

거칠고 굽은 길에
거목에 가려 해도 안 드는데,
누구 하나 봐 주지 않고
달빛도 보기 힘든데

기어이
피워 냈구나.
자그맣게, 그러나 아름답게.

얼마나 울었을까,
얼마나 무섭고 외로웠을까?

그렇게
울며 울며 피워 낸 꽃도 꽃인 것을…

쪼그려 앉아
너를 바라보며
보듬지도 못하고, 바라만 보며
다시는
울지 말자고, 울지 말자고…

강변 산책 Ⅰ
- 新 담바고 타령

빈손으로 태어나,
가진 게 너무 많아 하늘이 무너지는 때가 있었다.

사업에 실패한 크낙한 죄인 손에는
각종 채무보증서, 최고장, 내용증명서, 검찰 소환장…
다달이 세를 내던 집엘 가면
등록금 고지서를 내미는 겁먹은 눈망울,
수북한 세금고지서와
친구가 채워준 쌀통을 가리키며 눈을 돌리는 처연한 아내.

찾는 사람이 너무 많아
고독하게 해 달라고 하늘에 기도한 적이 있었다.

초인종 소리나
전화벨 소리가
IMF에 남편 잃은 여인의 울음처럼 가슴에 달라붙던 시절.

난, 자주
담배랑 함께 강변의 시퍼런 어둠 속에 몸을 숨기곤 했었다.

내 생애 가장 외롭거나, 힘들 때

끝까지 내 곁을 지켜준 것은 너뿐이라는 생각을 하며
반쯤 태우다 끈
담배 하나가 꺼지질 않는다.
아무리 비벼도 꺼지지 않는 담배.
귀찮게 연기만 나고, 죽으라고 꺼도 꺼지질 않는다.
젠장,
한강에나 빠뜨려야 꺼지려나, 하는 찰나에
담배가 불현듯 말을 건넨다.

〈더 태울 수 있는데,
〈아직 더 불태울 수 있는데….

… … … … … …

어둠 속에서 나는 힘겹게 시동을 켜고 있었다.

*어렵게 재기를 해 장만한 아파트에 강변 산책로가 있습니다. 그 길을 처음 걸으며 떠오른 생각이 재기하려고 몸부림친 4년 여의 세월이었습니다. 아직도 감정의 절제가 안되어 그런지 정리가 잘 안되더군요. 그러나 제 입장에서는 삶의 시련이 녹아 있기 때문인지 아주 아끼는 글 중에 하나입니다.

강변 산책 Ⅱ

감이 불그스레 영글면
떠나가신 할매의 설움에
노을이 지고,
아람 벌어 스스로 박차고
세상에 나온 알밤엔
그윽이 담겨 있는 할배의 내음.
산 높고 하늘 높아
더욱 깊어지는 강가에 서서
지워지지 않는 상처를
한줄기 바람결에 달래보다
끝내
고개 숙이고
흔들리는 갈대.

언제쯤, 아니
이제쯤엔
찢긴 상처 혀로 핥아
포근히 감싸 줄
에미 하나쯤,
강 건너 저쯤에서

건너지 못하는 아쉬움으로
강의 깊이를 원망하는
눈물 한 점
뿌려주면 좋으련만….

*아직도 정리가 덜된 느낌.
이 시가 마무리되기 전에 강변산책 4(어머니의 죽음을 노래한 시)를 쓰게 됐습니다.
인간의 예감이라는 것이 때론 두려울 때가 있더군요.

강변 산책 Ⅲ

내,
끝없이 강변길을 걸음은
내 노래에 끝이 없는 까닭이요,

내,
끝없이 노래 부름은
그것이 기다림의 노래이기 때문이요,

내,
끝없이 기다림은
내 사랑에 대한 바닥없는 믿음 때문입니다.

강변 산책 Ⅳ

차갑게 흐르는 겨울 강은
나 자신을 차분히 뒤돌아보는 냉정한 마음입니다.

기인 밤은
당신을 생각하기 위해 필요한 시간입니다.

저 멀리 시커먼 산은
참사랑으로 당신에게 다가가기 위한 시련의 과정입니다.

그리고 나서야
저 달이 무엇을 위해 뜨고 지는지를 비로소 알게 될 것입니다.

강변 산책 V

어머니가 돌아가셨다고 바람이 소삭입니다.

오늘도 강변을 혼자 걷습니다.

일제강점기 때 대지주의 딸로 태어나 대학을 나온 당신이
9살에 빈 집에 남겨지고, 15세에 다시 거리의 찬 바람을 맞았던
바리데기의 시커먼 하수구 같은 마음을 차마 알 수는 없겠지요.

그 바리데기에게 다시 버려진 당신의 마음을 내가 모르듯….

이름 모르는 풀과 나무가 오늘따라 유난히 많이 보입니다.
그 풀 한 잎에 그리운 미움 하나,
다른 나뭇잎에는 두려운 그리움 하나,
또 다른 풀잎들에 분노, 후회, 절규 따위가 어른거립니다.

강가에는 버드나무가 머리를 풀고 가만히 서 있습니다.
나도 가만히 한참을 서 있어 봅니다.

돌아오는 길에는 해가 집니다.
내 얼굴도 노을이 되어 서로 붉게 마주합니다.

저만치 언덕 위엔 오동나무 몇 그루가 서로를 감싸고 있습니다.
그 어머니 치맛자락 같은 오동잎으로 나를 감싸봅니다.
맞지 않아 쑥스러워도 어거지로 감싸봅니다.

고향 개울가에서 보던 미루나무 한 그루가 차마 못 본 척합니다.
내 고향 미루나무가….

*바리데기: 부모에게 버려진 아이라는 의미.
 내 아픔에 원천(原泉)인 나를 낳아주신 어머니.

강변 산책 VI

내가 그토록 시리게
사랑했노라고
그래서 지켰노라고
자부하던 그 모든 것이

네가 아닌,
그도 아닌, 그녀도 아닌
나라는 것을 깨달아가면서

겨울 갈대는
끄덕이며, 끄덕이며
바람 앞에 고개를 떨구고 있었다.

지천명 知天命

하늘의 명을 안다는 나이에
눈이 흐려지더니
요즘에는 사물의 끝이 잘 안 보인다.

강 건너 저 끝이,
키 높은 오동나무의 끝자락이,
고층 건물 꼭대기의 안테나가,

까짓것 안 보이면 어떠냐고,
차라리 눈감아 버리면 편치 않겠냐고
앙탈을 부려보는데

언제부터인지
마누라 마음의 끝이 안 보이더니
이젠, 내 의식의 끝자락마저 보이질 않는다.

가뭄비

가뭄비 소리에 새벽잠이
깨어 창문을 열고,
어둠 너머 저편
농부들의 아픔 깨문 미소를 본다.

농촌 삶에는 문외한인
내가 '드디어 오지랖이
넓어지나 보다' 하며
비가 충분할까, 가늠해 본다.

바늘귀를 꿰여 주고
무릎을 베고 누워
'할매는 이게 안 보이나'
하고 물으면

'늙으면 보이던 게 안 보이고,
안 보이던 게 보이는 법이란다.' 하시며
바느질을 멈추고,
할배 꽃상여가 나간 대문에,
작은 아들이 박차고 나간 대문에

상사화 눈빛을 보내고 있었다.

나도 이제는
바늘을 문지르던,
측백나무 닮은 할매의 머릿결이
가뭄비 사이로 드문드문 보인다.

초겨울 풍경

하늘 가 머얼리에
눈썹 한 잎 주어버리고,
眼光은 어둠의 깊이를 투명하게 재어본다.
따스하고 나른한 忍苦의 깊이.

뜨락엔
열정에 벗어 던진 잎들이
낙엽으로 뒹굴고,
목마름에 하늘 향한
裸木들의 기인 겨울 채비.

서편의 달이 정한수 한 그릇으로
새벽을 기도하는 시간.
잎을 떨구어 버린 마음은
따뜻한 새봄 하나 키우려
낮은 곳으로 뿌릴 내린다.

따스하고 나른한 忍苦의 깊이.

길가, 아카시아

그 여름,
가지마다 무성한 이파리에
나무는 숲속을 제대로 볼 수 없었다.
그해 겨울,
나무들이 잎을 모두 벗었을 때
길가, 아카시아는 숲속을 조금 볼 수 있었다.

나도 그러하리라
욕망과 애증, 집착과 미련,
고런 것들을 차마, 질끈 벗어던지면
마치 동트는 새벽에 하늘이 조금씩 열리듯
그제야 비로소 사물의 본모습을 조금 더
바라볼 수 있지 않을까,
몰라….

Ⅲ부

가벼운 단상斷想

통기타
충청도 아줌마
금계국
수석(水石)
바둑을 두다
어쩐다냐?
한복
감악산에서
부도(不渡)
갈대
어느 노년의 하루
가을 4중주
장마

통기타

엊그제
중고 기타를 하나 구입했다.
40여 년 전에 사라진,
여섯 줄에 추억과 아픔이 담긴 통기타.

기억을 더듬어
녹슨 솜씨로 튕겨 보니
중고 기타라 그런지
옛 소리가 가만가만 들려오는데

무료할 노후를 위해
구입한 기타 소리 속에서
18세 소년이 가만가만 걸어오고 있었다.

옛날이,
까마득한 옛날이
내 앞에 서서 은근한 눈빛으로
중고가 된 나를 찬찬히 토닥이고 있었다.

* 24년 '착각의 시학' 겨울호 신인 문학상 당선작.

충청도 아줌마

서른 즈음에
충청도에서 길을 물은 적이 있었다.
아주머니가 허리를 펴며 친절하게 가르쳐준 말,

'일루 한~참 가면 금방이유~.'

문득문득
그 말을 생각하고 넉넉히 웃었었다.
참 소박하지만 *데간한 언어라고….

그런데
언제부턴가 웃음이 나지 않는다.

그래,
삶이란 것이 '한~참 가다 보면 금방'인 게지.

성큼
다가선 노을이
가슴 저리게 아름답구나!

* '피곤하다'는 의미의 충정도 방언

금계국

23억 짜리 아파트 한 채밖에
가진 것 없다는 강남 서민의
낯빛을 한 그믐달을 바라보며,

노숙하던 금계국이 무리 지어
바람결에 흔들리며 노오랗게 웃고 있었다.

한숨과 연민을
재촉하여 강남 아닌 집으로 돌아오는 길에…

수석壽石

너는 이제 돌아갈 수 없구나,
고향 땅엘.
맑은 숲 향기를 온몸에 바르고
벗들과 어울려 뒹굴다
때론 바위 뒤에 숨어 숨바꼭질하고,
때론 고운 모랫벌에 누워 푸른 하늘을 만지다
좀더 부드러운 형상으로, 순리順理로 흐르던
네가,

이젠 화려한 좌대座臺에 갇혀
천년 비바람도, 억겁의 우레도 눈감은 채
멈추었구나.
네 슬픈 부자유를,
소리죽인 네 잔혹한 주검을 놓고
끝없이 환호하는 우리들의 철없는 사랑을
돌아,
어엿븐 돌아.
너는 어느 만큼 철저하게 용서하려느냐,
용서하려느냐.

바둑을 두다

검은 돌,
흰 돌 놓이듯
밤과 새벽이 놓이면,

내 生도 어디쯤엔가 반드시
그쳐,
복기復棋 한 번 못 해보고 불현듯
그쳐.

그래도
먼 훗날,
한 마리 노랑나비로 달래꽃을 달랠 거야.
한 마리 노랑나비로…

어쩐다냐?

개나리가 저리 피어버리면
내 친구는 어쩐다냐?

진달래까지 저리
흐드러지게 피어버리면
獨居노인 내 친구는 어쩐다냐?

素服 속에
탱탱히 영근 가슴을 숨긴
목련 봉우리의
하이얀 울음은, 또 어쩐다냐?

한복

어릴 때
색동옷 이후
한복을 입어 보질 못했다.

처지가 아닐 때는
설이나 추석에
곱게 차려입은 남녀를 보고
부러워한 적도 있었는데

꽤 여유가 생기고
처와 아이들이 한복으로
치장을 할 때도 나만은 욕심내지 않았다.

그런데 뒤늦게
관심이 가는데
차마 용기가 나질 않는다.

아니, 그 곱고 화려한
옷을 말하는 게 아니다.
그건 어차피 내게 어울릴 옷은

아니라는 것쯤은 나도 안다.

그 잿빛 나는,
아니면 옅은 밤색이 감도는,
아주 편안해 보이는 한복을 말하는 거다.
그 옷에 밤색 단화를 신어보고 싶은데
그게 겁이 나는 거다.

과연 내가 소화해 낼 수 있을까?
내가 입어도 그렇게 편안해 보일까?

아무것도 아닌 그게 그렇게 두려운 게다!

감악산에서

감악산 숲속 카페에 앉으면
70년대 노래가 솔바람 소리와 어우러져
내게 시간 여행을 가자고 조른다.

♩풀잎 끝에 달려 있는 작은 이슬 방울들♬
속에는
찢어진 청바지와 통기타,
장발長髮에 숨겨진 두려움이
군홧발 속에서도 대마초 같은 꿈을 먹고.

♩엄마 잃고 다리도 없는 가엾은 작은 새는♬
오기와 분노로
허공을 날으려 젖은 날갯짓을 해댄다.
또 다시
♬비바람 거세게 불어오면 음~ 어디로 가야 할까?♩

앞 뜨락 다람쥐에게
잠시 눈을 준 사이에 노래가 바뀌었나 보다.

♩물 좀 주소, 물 좀 주소. 목마르오, 물 좀 주소.♬

아직도 난 목이 타는데,
탈속脫俗의 눈빛을 지닌 중년의 아낙이
물 한 잔을 주며 말을 건넨다.

'천~천히, 편안~하게 쉬다 가세요.'
… … … … … … … … … .

*음표가 있는 부분은 양희은의 '아름다운 것들'과 한대수의 '물 좀 주소'란 노래의
 가사.

부도不渡

가끔은
강물이 곤히 잠들고
흰 구름 몇 점 할매품처럼
푸근한 날도 있었다.

이런 날엔
부도 맞은 옛벗들과
하늘 넓은 카페 창가에 앉아
깊어진 주름 마주하고
차압差押된 미소 서너 잔 기울이고 싶다.

갈대

강변엔 항시
갈대들이 흔들리고 있었다.

옛벗과 술에 취해
어깨동무하고 오던 길.

'까짓 인생이 쐬주 한 잔만 하냐'며
잇몸을 드러내고, 온몸을 흔들고 있었다.

어느 노년의 하루

네모난 방
네모난 침대에
네모로 반듯이 누워 있는데,
文字가 屍身을 세 번 깨운다.

1 가족을 생각하세요, 대리운전
  〈술도 안 먹었고 갈 곳도 없는데
2 당일 대출 간편하게
  〈대출을 받아서 할 것이 없는데
3 오빠 나 외로워. 전화해 줘
  〈전혀 외롭지 않고 매우 바쁜 것 같은데

가슴이 조금씩 뛴다.
내일은 어떤 문자가
네모난 내 意識을 일깨워 줄까?

가을 4중주

가을을 씹으며 강변을 걷는다.

하늘은 좀더 푸르게
내 곁에서 한발 물러나고,

강물은 좀더 싸늘하게
몸을 뒤틀며 달음질한다.

마지막 푸르름에
초목들은 진저릴 치는데

바람은 키득거리며
코스모스의 가녀린 허리를 희롱한다.

난 찬찬히 가을을 어금니로 깨물어 본다.

장마

밖엔 장마가 사흘째 계속되고,

냉장고 문을 열고
음식을 꺼내듯,
책상 서랍을 열고 묵은 추억을
하나씩 꺼내 먼지를 털어 봅니다.

빗줄기 하나에 보고픈 얼굴 하나.
바람에 실려 오는 다정한 이름 석 자.
그리운 황톳빛으로 바다에 다가서는 강물.

신맛, 쓴맛, 매운맛들이
이젠 모두 다 달콤한 맛으로 다가와
잔잔한 미소가 얼굴을 구깁니다.

그리움과 달콤함과 미소를 넣어
비빔밥 한 그릇을 해치우고,

그리움을 차곡차곡 접어
서랍 깊숙이 넣어 두고

냉장고 문을 닫듯
책상 서랍을 닫습니다.

밖엔 장마가 나흘째 계속되고….

IV부
아프게 부딪치며

어떤 남자
검붉은 피가
잊힌 향가(鄕歌) Ⅰ·Ⅱ
잊힌 향가(鄕歌) Ⅲ·Ⅵ
선인장
바벨탑
20C 패설(稗說)
요즘은
맞짱 뜨기
술래잡기
상처 핥기
학교 日誌 Ⅰ
학교 日誌 Ⅱ
학교 日誌 Ⅲ
학교 日誌 Ⅳ
학교 日誌 Ⅴ
학교 日誌 Ⅵ
학교 日誌 Ⅶ

어떤 남자
- 미치슬라프 야스트룬에게

나도 들었네,
천사들이 한 남자를 살해했다고.
눌러 삼킨 신음은 주검으로 부풀고,
영혼은 아카시아 가지 사이에서
겨울을 맞고 있었다고.
우리는 아무도 그를 도울 수 없었는데
석간夕刊이 노을에 불타고 있었고,
조간朝刊이 눈발에 젖어 있었다고.
임진강의 철새는 그 삭풍朔風 속에서도
간간이 지저귀고 있었다네,
천사들이 한 남자를 살해했다고.
천사들이….

*미치슬라프 야스트룬 : 유태계 폴란드 시인.
 선천적 엘레지 시인이나 나치 점령 이후 레지스탕스 간행물에 저항시를 씀.

검붉은 피가

 옆집 담을 온통 온몸으로 휘감고 놓지 않던 뜰장미가 너무 아름다워 나를 잃어버린 적이 있었어. 그때가 4월이었던가? 교정의 라일락 향기에 취해 혼을 놓아 버렸던 적도 있었지. 강 건너 저편 산등성이를 온통 붉게 물들이는 저녁노을에 덩달아 달아올라 내 안의 피가 모두 들고 일어나 그냥 눈을 감고 가쁜 숨을 가라앉히느라 한 시진을 무진 고생한 적도 있었어. 숲 내음에, 산의 숨소리에 감각이 굳어져 그 자리에 한참을 서서 모든 감각을 닫고 간신히 버티었던 적도 있었지.

 그 시절엔 산을 보면 산이라 했고, 물을 보면 물이라 말할 수 있었어. 분노, 열정, 연민 따위가 모두 살아 꿈틀대고 있었지. 정말이야! 지금은 믿기지 않지만, 그런 푸른 강물처럼 도도하게 흐르던 붉은 피가 내 몸 안에 분명 존재했었어. 붉다 못해 검붉은 피가….

잊힌 향가鄕歌 Ⅰ·Ⅱ

Ⅰ

어느 해,
일기가 몹시 불순하던 그 해.
동료와 더불어
강북에서 공복을 메꾸고,
친구를 따라
강남에서 갈증을 채워도
중부 지방 흐림.
남부 지방은 흐린 후 한 때 비.
아아, 神을 찾는다.
고독한 자의 영원한 배신자여.

Ⅱ

유난히 4월이 춥던 그 해.
일찍 깨어난 목련이랑 진달래가
志士들을 데불고 봉우리 채
떠나간 그 봄.
되는 일도,
안 되는 일도 없는 山河에서
우린 마비된 전신으로
가감권可感圈 밖의 공포에
아흐, 얼마나
진저리 치며 바둥거렸는지.

잊힌 향가鄕歌 III·IV

III

왜,
왜, 사랑은 항시 敗北여야 하는지.
비둘긴 멀리 날지 못하고,
사색은 지폐에 밀려
달빛 아래만 호올로 선다.
多情은 오늘도 병이거니,
깊은 밤에만
홀로 사랑을 앓는
아으, 머리가 큰 사내들이여,
가슴이 아름다운 여인들이여.

Ⅳ

사랑은 肉身으로 하는 것이라고
진정, 깨닫고 나서도
사는 법은 여전히 몰라,
서성이다
돌아보면, 그림자는
그대로 그곳에 있다.
좀더 젊은 시절엔
왜, 사랑을 영혼으로 하려 했는지
아아, 어리석음이여,
크나큰 어리석음이여.

선인장

너는
아스라이 머-언 전생에
숲을 그리워한 죄로
저주받은 땅에 태어난 업.

억겁의 세월에도
지워지지 않아
시퍼렇게 멍든 온몸에
돋아난 정한情恨의 가시.

〈모든 풀과 나무가 숲을 그리워해도
너만은 참아야 한단다.
오작교가 놓일 때까진, 백두도 한라도
참아내야만 한단다.〉

목마름에
타는 그리움에
가시를 뚫고
토해 낸 선혈鮮血 한 모금.

바벨탑

 교과서에는 정의는 반드시 승리하는 거라고… 그러나 항시 정의의 깃발은 교장이나 기관장의 책상 옆에 걸려 있었어 님은 허허로운 들판에 가엾고 헐벗은 자 옆에 있었지만 정의는 항시 크고 호화로운 건물 안에 근엄하고 화려하게 군림하고 있었지

 그분은 반드시 오신다고는 했지만 애타게 기다리지는 마시게나 그분은 항시 예언자 몇이 죽고 우리가 기다림을 접었을 때 세상을 벌할 불을 들고 오신다네 그때까지 우린 그냥 바벨탑이나 쌓으면 되는 것 아닌가?

20C 패설稗說

옛날, 아주 가깝고도 먼 옛날,
게다짝 신은 섬 놈들이
삼천리 금수강산에서 땅따먹기할 때쯤
이런 登記되지 않은 歷史가 있었다.

소작나라 백성들이 허기에 간이 부어,
고귀한 양반국에 구걸을 하는 것이 아니라
아, 고갤 뻣뻣이 쳐들고 내 몫을 내놓으라고 했것다.
미친 놈들, 땅 하나 없는 저희들을
바다 같은 사랑과 은혜로 돌봐 주었거늘,
心氣 편찮으나 보아하니 대가리 수가 많아
이리 눙치고, 저리 뺨치고
주마하고 미루고, 주었다 다시 빼앗고 하자
이 불쌍놈들이 장난 아닌 作亂을 해댔다.
아, 우리 잽싼 양반네야 허리에 전대차고
버선발로 뒷산으로 냅다 뺑소니를 쳤는데
그 분수 모르는 마름 놈,
한 분 앞에 굽실거리고, 열 놈 앞에 목에 힘주던
그 목만 뎅그러니 부러져 진 땅에 처박히고,
그 떨어진 목 앞에 선량한 마음이 눈 껌벅일 때

우리 양반네 나이키 갈아 신고 늠름히 나타나서
현명하게 판결을 내리는데,
네, 이놈들. 푸르른 하늘 아래 사람을 죽이다니.
능지처참할 것이로되 마름의 罪가 많았음을
참작하여 내 부처 같은 관용으로 용서할 것이니
차후, 부드러운 풀잎으로 고개 숙여 흔들리겠느냐.
해서 世上은 다시 평온하고 無事安逸한데

아, 그 질긴 마름의 목숨이 다시 살아나
이 한반도 여기저기 떠돌아다닌다니,
이 안팎으로 부는 모진 바람 앞에 무사하리라,
누가 믿으랴.

너지? 히히.
네가 바로 그 잘난 마름이지? 히히.

요즘은

요즘은
문이 닫히면
담 높은 집이나 낮은 집이나
숨죽인 울음소리가 보인다.

해가 뜨고 문이 열리면
호프집에서, 커피점에서
요란스레 웃고 떠드는 사람들.
족발이나 감자탕 앞에 놓고
옛날처럼 독하지도 못한
쐬주 들이키며
어깨 힘주고 독한 척하는 사람, 사람들.

노을이 지고
문만 닫히면
화장실 구석에서,
뒤집어쓴 이불 속에서
숨죽인 울음이 자꾸만 보인다.

맞짱 뜨기

맞짱을 뜬다.
살구꽃이 몇 번 떨어져서야
이긴 것이 아니었음을 비로소 인식한다.

다시 맞짱을 뜬다.
아카시아 향이 몇 번 사라져서야
참담한 패배였음을 하릴없이 인정한다.

그래도
살구꽃이 떨어진 만큼은
아카시아 향이 사라진 만큼은
싸움이 나아졌으리라는 믿음마저,
눈보라가 날리고
또 진눈깨비를 맞고서야
그 자리, 제 자리였음을 깨닫는다.

바람이 분다.
그래도 또다시 맞짱을 뜬다.
내가 살아있음을
맞짱으로 잔혹하게 확인한다.

술래잡기

오늘도 나는 수~울~래
무궁화 꽃이 피었습니다
무궁화 꽃이 피었습니다

숨 가쁜 걸음으로,
나를 따돌리고 숨어드는
이긴 자들을 쫓다 쫓다
덜컥, 어둠을 만나고…

두려움에 움찔거리다,
〈그래, 그래도 나는
숨거나, 쫓기지는 않는다〉며
당당히 어둠으로 향한다.

언제나 나는 술래!
무궁화 꽃이 피었습니다.
무더기 무더기 피었습니다.

상처 핥기

'아지'는 오늘도 앞발을 핥는다.
어언 10년이 넘나 보다.
이놈이 태어난 지 3주 만에 입양이 되었는데
그때부터 앞발을 핥는다.
약을 바르면 조금 나아지는데
약까지 함께 핥다가 구역질을 하기도 한다.
무슨 상처가 그리 깊은가?

아지야,
그래, 열심히 핥아라.
상처 없는 것들이 어디 있으랴?
바람을 맞기 위해서
아픈 것들의 사랑을 위해서
까짓 상처쯤은 스스로 치유해야 하지 않겠나?

아지야,
창밖에 나무가 흔들린다.
가자,
강변으로 가자.
갈대 흔드는 바람을 마주하자.
갈대 흔드는 바람을…

학교 日誌 Ⅰ
- Saint Paul 女高에서

틈만 나면 아이들은
옥상을 오른다.

하늘 속 한 잎의 느티로
서서
까르르 터뜨리는 파아란 꿈들.

修女님은 십자가보다 높은
옥상을 오른다고 성호를
긋지만,

성당 옆 은행나무는
아이들의 꿈으로
가을을 엮는다.

틈만 나면 녀석들은 옥상을
오르고,
틈만 나면 나는 노오란 은행잎을
줍는다.

학교 日誌 Ⅱ
― 교련검열, Saint Paul 女高에서

牧神이 쓰러진 戰場에서
사람들은 軍神을 숭배하고
끌려가는 牧神의 뒷모습에서
확신은 확신을 불렀다.
〈무엇을 할 수 있는가, 이 땅에서.
〈무엇을 할 수 없는가, 自由로운 이 땅에서.

4시간을 꼬박 아이들은 여름 해를
구속하고 있었다.
奬學士의 만족과 기인 平和論 속에
하나씩, 둘씩
업혀서만이 自由를 얻는 학원.

〈나는 어머니께 물었었다. 왜 갈라서셨나요?
〈아니다, 얘야. 태어난 罪란다. 歷史란다.

그날 저녁, 나는
헤진 마음 丹靑하러
관촉사의 바람 속에다 숱한 낱말과
空虛를 던지고 있었다.

보-올!
스트레이트 포 볼!

학교 日誌 Ⅲ
- Saint Paul 女高에서

그날, 수학여행을 며칠 앞두고
너흰 휴게실에서 죄도 없이 흔들리고,
동해 바다는 애꿎은 바위만 후려치고 있었어.

〈어린 시절, 등록금 때문에 몇 번인가
시험을 거부당하곤
조용한 분노를 日出처럼 나는 키웠단다.

분노가 자라 때로 눈물 한 점 피우고,
너희 등이나 두드리며
〈행여, 가난에 주눅 들지 말자며,
공허한 눈길이 창에 박혀 있을 때
학급에선 일사천리로 회의가 끝난 듯
반장은 내게 경포대의 달빛을 보냈었지.
너희 여섯은 짙푸른 느티나무 아래서
소리죽여 흔들바위로 흔들리고,
내 가슴 속엔 비룡폭포수가 마구 쏟아지고 있었지.

성당의 삼종소리가, 불국사의 목탁소리가
별나게 아름답던 여행길에

너흰 푸르디푸른 한 잎 느티로 서고,
世上은 살만하다는 것을 나는 배우더구나.
홍련암의 보살은 어둠 속에서도
끝내 흔들리지 않더구나.

- 나무 관세음보살!

학교 日誌 Ⅳ
― 放鶴 中에서

아침이면 校庭은 개벽을 하듯
復活을 한다.

솔가지로 곱게 빗은 바람 소리에,
물빛으로 지저귀는 산새 소리에
도봉은 항시 우뚝 솟고, 아이들은 하나씩
산이 되어
바위가 되어
넓은 문을 좁힌다.

먼저 깬 녀석들은 어깨에 남은
어둠을 쓰레질하고,
나태한 師父의 어둠마저 쓸어
태우고 태우면
〈사랑으로 탈까,
〈正義로 탈까,
〈물빛 고운 무지개로 필까나.

코스모스 얄리얄리 따라 춤추고,
사육장엔 어제 깬 하이얀 토끼.

〈너희 앞에 어찌 歷史의 어둠이 남겠느냐며,

아침이면 校庭은 차라리
개벽을 한다.

학교 日誌 V
― 어버이날, 舞鶴 女高에서

오늘은 카네이션이 축복받는 날.

남몰래 숨죽여 적시는
시린 네 어깨에서 눈을 떼고
교정에 서면
차라리 고아였던 내 어린 시절이
소복素服한 백목련 젖은 송이로
발밑에 굴러, 질금
눈물 한 점 뿌리고,

〈어차피 커서는 모두가 고아인 것을.
어여, 가을날 코스모스만큼 자라
남을 위해 젖을 줄 아는
아이가 되기를 빌기나 하면서,

오늘은 빠알간 카네이션이 축복받는 날.

학교 日誌 VI
- 舞鶴 女高에서

독촉장을 죄진 놈마냥
너의 가냘픈 손에 후딱 쥐여주고
영산홍 앞에 서면
등록금을 못 내 등교를 거부당하고
젖은 분노를 목구멍으로 꾸겨 삼키던
내 학창 시절이
붉은 꽃잎 한 송이로 되살아나
울컥,
진한 눈물 한 모금 뱉으며

〈행여, 가난에 주눅 들까,
〈행여, 어린 가슴에 응어리질까,

두려워
소리 죽여 불러봅니다.

〈♪원하는 것은 무엇이든 할 수가 있어,
〈♬아아, 대한민국 영원하리라.

학교 日誌 Ⅶ
- 서울 高에서

1
부끄럽구나, 나는.
노을 앞에 서도 차마 부끄럽구나.
어제는
때문이라고, 때문이라고
말 한 마디 마저 하지 못하고
타는 분노를 목구멍으로 적셔
꾸겨 처넣고,
돌아선 발길로 너를 걷어찼구나,
民主主義여.

2
오늘 밤에도
뜨겁게 불 밝힌 너희들의 몸짓이
행여, 점수에 환장한 때문만은
아니라고, 아니라고.
시린 눈을 부릅뜨고 책을 쳐든
너희들의 至難한 몸짓이
다 못한 言語들을 채우기 위해서라고

믿는다, 얘들아.
어른보다 더 독한 사랑을 하는 아이들아.
너희가 교정의 플라타너스만큼 컸을 때에는
창공을 가르는 鶴의 날갯짓으로
찬란한 새벽을 열어야 한단다.
- 타는 사랑으로.
- 크낙한 사랑으로.

V부
흐르는 세월에

낙엽의 비상(飛翔)
버려진 TV
노승
덕소리
은빛 미소
이순(耳順)의 문턱
법정 스님
찌개를 먹으며
자연
새엄마
아버지
패랭이꽃. 당신은
송인(送人)

낙엽의 비상飛翔

12월 초겨울 저물녘,
아파트 9층 밖에 느닷없는 새들의 비상.
베란다 창에 매달려 목을 늘이고 바라본다.

좀더 높이 오르려
낙엽들이 펼치는 처절한 곡예.
떨어지는 것들의 날아오름.
사라지는 것들의 마지막 비상.

바람 때문인가?
아니
바람 때문만은 아니다.

가볍기 때문이다.
마음을 비웠기 때문인가?

아니, 아니
아직은 포기할 수 없는 꿈이 있기 때문이다.

버려진 TV

15년 된 와이드 TV를
벽걸이 TV로 바꾸던 날.
식구들 얼굴은 바뀐 화면보다
밝고, 강아지마저 왠지 바쁘다.

한때 꽤나 자태를 뽐내고
사랑을 듬뿍 받더니,
화면이 나오질 않아
몇 번 손을 보았는데,
이젠 교체할 부품조차 단종되었단다.

그날.
나오지 않는 화면처럼
난 왜 그리 어두웠을까?
끝내,
버려진 TV는 어찌 되는 거냐고
왜 묻질 못했을까?

노승

쪽빛 하늘에
흰 구름 흐르고
냇물에 떡갈잎
차갑게 내리는데

금빛 상사화
안쓰러워
굽이 도는
가을 산길을,

깊은
계곡
물소리로
장삼자락
따라가는 바랑
하나.

*상사화 : 잎이 져야만 8월 말에서 9월 말 사이에 꽃을 피웁니다. 하나를 버려야만 다른 하나를 얻을 수 있는, 즉 두 가지를 다 가질 수는 없는 꽃입니다.
* 24년 '착각의 시학' 겨울호 신인 문학상 당선작.

덕소리

한양漢陽의 탐욕스런 몰골은
아차산에 가려지고,
강남의 호사豪奢한 풍문은
강바람에 흩어지는

여기는 남양주 와부읍 덕소리.

그래도 혹시 몰라
어제는 묘적사에 들러
폭포에 눈을 씻고,
오늘은 수종사에 올라
맑은 종소리에 귀를 쫑긋 세운다.

은빛 미소

생각의 닻을
유년의 고향으로 내리면,
개울가 미루나무 이파리
은빛 물결로 몸을 뒤척인다.

세월처럼 흐를 수밖에 없는
개울물에
유년의 채울 수 없는 그리움,
깨어진 꿈, 그리고 아물지 않는
상처를 조금씩 흘리면
밀고 밀리며 미사리로 스며든다.

세월이 좀더 흐른 어느 날
그 그리움, 꿈, 아픔들이
미사리 카페 등불로
한 잎, 한 잎 피어나
어둠을 밤새 밀어내고 있었다.

강 건너 덕소 강변에는
나이 먹은 소년이 쭈그려 앉아

눈가 주름을 문질러 만든
은빛 미소를 강물에 흘리고 있었다.

이순耳順의 문턱

엄마 아빠 헤어져
텅 빈 90여 일의 공간.

아홉 살이나 처먹은 나만의 시간.

찬밥 반 그릇과
간장 종지 하나로
가득 채워졌던 휑한 어둠.

그 어둠이,
그 서러움이,
그 분노 머금은 비릿한 공포가
이순의 문턱에서
날 선 날갯짓으로
내 발뒤꿈치를 핥으며 날으려 하고 있다.

법정 스님

대숲 사잇길 걸어 올라
송광사 작은방 비인 벽에
그리움의 화폭 하나 걸어 놓는다.

하산 길엔
그리움마저 비워 버리고,
단청 닮은 울음
지저귀는 새를 따라,

더 이상 넉넉할 수 없는
걸음걸이로
댓바람 위를 으스대며 걷는다.

찌개를 먹으며

묵은지에 돼지괴기를
썰어 넣은 찌개를 먹으며
울할매의 추억을 먹는다,
까칠한 손길을 씹는다.

죄 하나 없는 눈가의 웃음이,
자식들을 향한 할배의 호통에는
금세 눈이 짓물러 등이 굽던
할매의 설움이 담긴 묵은지를 찢는다.

고봉밥을 물 말아 억지로 먹이시고
배가 아파 뒹굴면
'할매 손이 약손이다'라며
배를 쓸어 주시던 까칠한 손길로
골라 먹이던 돼지괴기를 씹는다.

방학 때 시골에 내려가면
버선발로 나오시며
'아이고, 내 강아지 고생했지?'라며
궁둥이를 마구 때리시던 울할매!

할매야, 그 강아지가 벌써
사위를 볼 나이가 되었으니,
할매 나이는 얼마나 많으실꼬?
그래, 그곳에선
허리 똑바로 펴시고, 기도 펴시고
자식 걱정, 남편 걱정 않고 편안하게 지내시는지요?

자연

내가 너를 풀이라 부르기 전에
너는 이미
바람에 날리고 있었고,

내가 너를 돌이라 부르기 전에
너는 이미
냇가에서 구르고 있었다.

벗들이여,
이제 돌아갈 때가 된 것 아닌가?
어린 시절 저물녘,
엄마, 아빠 몰래 빠져나가
동네 아이들과
다방구하던 그 시절로…

스스로 얽어맨 어설픈 굴레에서 벗어나
자연은 자연으로
돌아갈 때가 된 것 아닌가?

-애, 애, 애들 나와라.
-발가벗고 나와라, 모두 나와라.

* 다방구 : 술래가 터치를 하면 그 아이가 술래가 되는, 많이 뛰어야 하는 놀이.

어린 시절 저녁을 일찍 먹고 몰려다니며 놀았었지. 요즘 애들은 학원 가느라…
근데 왜 발가벗고 나오라 했는지… 쪼맨한 것들이 단체로 야했었나? 그건 아닐 테고.
아마도 모든 것을 벗어 던지고? 암튼 아련한 추억이…

새엄마

당신을
산에 올려 놓고

애증 따위
하얗게 비우고
노을 붉게 내려오던 날.

더 비우라고
더 사랑하라고

차가운
바람이 귓가에 붙고,
예쁜 날개를 가진
새가 가슴을 쪼고 있었다.

진두강 접동새
내 가슴에 붙어
암세포 몇 이파리 뜯어내고 있었다.

아버지

왜, 끝내
못하셨나요.
아들 손 부여잡고
미안하단 말 대신
사랑했노라고, 왜 못하셨나요.

오늘은
영정 앞에
국화 향처럼
몸에 배었던 설움,
향연처럼
차마 날려버리고

아버지.
내 아버지.
이제 다시는,
다시는 당신 때문에 울지는 않으렵니다.

패랭이꽃, 당신은
- 친구 어머님께 바치는 시

봉당에서
때론 사립 옆에서
문득 마주치던 한 송이 패랭이꽃!

당신은,
이마에 인자한 주름을 접으시며
입가엔 사랑이 떠나지 않으시던 당신은
우리 모두의 어머님이셨지요.

옛적,
사또나 대감들이 무서워
패랭이로 더위를 식히던 백성마냥
우린
70년대의 무더운 바람에
대마초 연기나 집어던지다,
패랭이꽃 작은 몸짓 뒤에 숨어
통기타 진한 울음 하나 뱉어내곤 했지요.

수십 년 지난 오늘도 당신은,
우리 저리게 외로운 인생길 길섶에

문득문득, 단아한 패랭이 꽃송이로 피어나
죄 하나 없는 소녀의 미소를 보내시는군요.

어머니!
패랭이꽃, 당신의 아들들은
영원히 당신을 잊지 못합니다.
사랑하는 우리 모두의, 내 어머니…

송인送人

거리엔
철모르고 일찍 떨어진 낙엽들이
비명을 지르며 달음박질하고,

서편 하늘엔
붉은 노을이 장난을 치다
어머니의 부름에 집으로 돌아가나 보다.

가 보지 못한 먼 곳으로 가는
옛 벗을 보내고 돌아오는 길.

수수밭에 갈바람 울어
코스모스는
무리 지어 흔들리는데,

저만치 피어 있는
들국화가
문득, 눈부시게 외롭구나!

120 울며 울며 피워 낸 꽃도 꽃인 것을